DISCOURS

*Prononcé par le citoyen LE ROND,
Président de l'Administration municipale
de Coutances, à la Fête de la fondation
de la République, le premier Vendé-
miaire, an VI.*

CITOYENS,

Au jour où je vous parle, à ce moment peut-être
retentit dans l'Europe cette nouvelle proclamée par
l'admiration ou l'effroi : Aujourd'hui on célèbre en
France la fondation de la République.

Cette époque immortelle est en effet aujourd'hui
célébrée par tous les Français. Elle l'est dans ces
cités menaçantes qui bordent nos frontières, au bruit
de cent pièces de canon ; elle l'est d'une manière
plus auguste encore dans nos camps, au milieu de
nos armées triomphantes, où flottent ces drapeaux
ennoblis par tant de victoires, où brillent ces ar-
mes si redoutables à nos ennemis, où nos guerriers
se rappellent avec enthousiasme, au jour de la fondation de la République, la noble cause pour la-
quelle ils ont combattu et vaincu.

Et nous, Citoyens, nous n'avons rien du brillant
appareil qui rend ailleurs cette fête si solemnelle, mais
nous sommes Républicains, à nous aussi il appartient
de la célébrer.

Ce n'est pas, Citoyens, sans catastrophes et sans
secousses, sans crimes et sans malheurs que nous
sommes arrivés à l'époque glorieuse de la fondation

A

de la République. Il fut heureux pour nous , et plus d'une fois il fut heureux que les Rois et leurs esclaves , en mettant le comble à leurs crimes , nous ayent forcés au courage de mettre le comble à notre gloire.

C'est en effet , dans tous les tems , la tyrannie des Rois et l'oppression des peuples qui ont fait naître les Républiques , et s'il paraît étrange , il n'en est pas moins vrai que cette forme de gouvernement , la plus noble , la plus digne des nations , ne fut pourtant jamais la première adoptée , sans doute parce qu'il ne faut ni génie , ni lumières , ni courage pour obéir à l'insolent dominateur qui ose dire le premier , Je suis votre maître , et qu'il faut tous ces moyens réunis pour concourir plusieurs ensemble à se donner des lois fondées sur le bonheur commun , et dont la sagesse garantisse l'obéissance de ceux qu'elles intéressent.

C'est , à ces titres , qu'il appartenait à la France d'établir un gouvernement républicain , après les épreuves plus ou moins malheureuses de plusieurs siècles de monarchie. Du courage , la Nation française en avait , même sous les Rois ; la réputation brillante , du génie , des lumières , nul peuple de l'Europe n'eût osé lui en disputer l'avantage ; il ne lui restait à acquérir que cette fermeté inébranlable qui , après l'entreprise d'une cause grande et juste , ne permet plus de regarder en arrière , qui ne voit que le but , qui l'atteint et y reste. Tel est le nouveau caractère que les Français ont développé depuis neuf années de révolution , et qui fait pour toujours disparaître ce reproche de légereté , d'inconséquence qui semblait être leur partage.

Mais ce n'est pas tout encore que d'avoir fondé la République. Nous l'avons vue assise sur des bâses si incertaines , que les hommes éclairés , le plus idolâtres de la liberté , n'auraient osé en garantir la durée. Lorsque confondus ensemble , on voyait dans le même Senat la Puissance législative et le Pouvoir exécutif , lorsque nulle barrière ne s'élevait entre les Pouvoirs pour leur servir réciproquement de limites et de garantie , alors on put craindre que l'anarchie , la plus cruelle ennemie des Nations , ne vint asseoir son trône ensanglanté sur les débris du trône des Rois.

Mais la Constitution de l'an III , en couvrant la liberté d'un bouclier impénétrable , vint enfin affermir la République.

Le Peuple français n'est pas encore assez loin des maux qu'il a soufferts dans la révolution , pour juger de la force , de la perfection de son nouveau gouvernement. Deux Conseils sagement séparés , qui concourent ensemble à la formation des lois , l'un ayant pour appanage la force qui propose , l'autre la maturité qui adopte ou rejette , chaque loi doit porter le double caractère du courage et de la sagesse.

Cette heureuse combinaison de cinq Magistrats supérieurs pour exercer l'autorité continue , sans admettre la continuité des personnes , et sans éprouver jamais leur déplacement absolu , est une disposition politique absolument neuve , et passera , à coup sûr , dans les siècles pour un chef-d'œuvre de gouvernement.

Telles sont , Citoyens , les bâses principales de notre gouvernement , que sa sagesse n'a pas garanti d'un trop grand nombre d'ennemis. Je ne parle pas des Rois de l'Europe qui seuls ont eu le droit de le haïr , et sont forcés à l'admirer , ou réduits à le craindre. Je parle de ces hommes nés en France , mais qui ne sont pas français , puisque la liberté est pour eux un tourment , et le titre de Républicain une injure ; de ces hommes qui ont uniquement placé leur honneur dans le succès des complots qu'ils font depuis long-tems et chaque jour pour le rétablissement des Rois.

Insensés , que voulez-vous ? Comptez-vous , au milieu des agitations que vous excitez , jouir du repos , de la sécurité que vous vous plaignez d'avoir perdus ? Comptez-vous que les malheurs d'une révolution que vous seuls faites durer , vous seront étrangers ? Comptez-vous encore ne trouver dans le gouvernement que de lâches agens de vos volontés , dans nos braves guerriers que des soldats mercénaires qu'on fait passer sans peine du drapeau de la liberté sous celui des Rois , et dans tous les Républicains que des victimes tremblantes prêtes à tendre leurs mains aux fers , et leurs gorges aux poignards ? Hommes aveugles , vous vous trompez ; oui , pour votre malheur , vous vous trompez.

Ah ! que je serais coupable , si depuis le tems que j'ai l'honneur de monter à cette tribune , je faisais aujourd'hui pour la première fois , après le grand événement du 18 , cette terrible leçon ! Non, l'amour de la liberté , mon attachement à mes concitoyens , les dangers que je craignais pour eux , le plus ardent desir de les en préserver , mon devoir enfin m'a donné le courage de répéter souvent ces vérités hardies , dans des tems où la lâcheté s'honorant du nom de prudence , aurait pu me conseiller de garder le silence.

Hé ! qu'avais-je à craindre , en donnant des conseils fondés sur le desir de la tranquillité publique , sur l'intérêt commun à tous de s'attacher à une Constitution qui nous l'avait garantie depuis sa naissance ? Qu'avais-je à craindre en cherchant à désarmer des ennemis , et à leur épargner les horreurs d'une lutte sanglante ? Ma faible voix peut-être a été entendue de mes concitoyens ; mais les grands , les audacieux conspirateurs l'eussent dédaignée s'ils avaient pu l'entendre. Qu'ont-ils fait ? La France , après tant de triomphes , touchait au but désiré d'une paix glorieuse ; hé bien , ils ont encouragé des ennemis accablés , ils leur ont montré de puissans alliés au sein de la France , au faîte des pouvoirs ; et depuis cette fatale époque la paix s'éloigne , et pour l'obtenir , il faut peut-être encore de nouvelles victoires achetées du sang de nos guerriers. Qu'ont-ils fait ? La France était tranquille ; des lois protectrices garantissaient également à tous la sûreté de leurs

DISCOURS

PRONONCÉ par le Citoyen LE ROND, Président de l'Administration municipale de Coutances, à la Fête de la Vieillesse, le 10 fructidor, an V. de la République.

CITOYENS,

NOUS avons eu, dans les dernieres fêtes, à vous peindre les malheurs du peuple, les crimes et les châtimens des tyrans ; celle-ci sera plus chere aux ames sensibles : approchez, jeunes Citoyens, venez entendre les devoirs que la vertu vous dicte envers la Vieillesse ; approchez, contemplez ces cheveux blancs, signe honorable des ans et des travaux ; vos cœurs, à cette vue, doivent-être déjà saisis d'attendrissement et de respect.

Groupe auguste, Vieillards vénérables ; je vous salue ; je vous présente l'hommage que la nature inspire, que la loi commande ; l'hommage dans tous les temps consacré par la morale des peuples civilisés.

Demandez-le, jeunes citoyens ; demandez-le aux peuples qui ont le plus brillé sur la terre, quel était le respect qu'ils portaient à la vieillesse ? Quelle confiance leur inspirait l'expérience sûre et tardive des années, quels hommages ils rendaient à une longue vie pleine de vertus ?

Quel est le jeune homme qui, dans les beaux jours de la Grèce et de Rome, eût osé rester assis, si les vieillards ne l'étaient tous, aux temples des Dieux, aux jeux, aux exercices publics ?

Un seul qui dans Athènes n'offrit pas sa place à un vieillard, fut sévèrement censuré et donna lieu à un présage funeste sur les destinées prochaines d'une République où la vieillesse n'était plus honorée.

Ah ! c'est sur-tout en France, après une longue et pénible révolution, que la vieillesse doit être, par nos hommages, consolée des maux qu'elle a souffert sans ôser en espérer les dédommagemens, des sacrifices qu'elle a faits sans pouvoir en attendre le prix !

Vieillards, c'était à vous qu'il en coûtait de quitter des usages, des opinions, des habitudes de soixante ans, pour suivre dans la révolution de nouveaux usages, de nouvelles lois, pour recommencer, pour ainsi dire, une nouvelle carrière, presqu'au moment de terminer la vôtre; hélas! vous avez dû plus sentir les difficultés que les avantages d'un changement dont la peine était pour vous et le bonheur pour vos enfans.

Cependant ces sacrifices vous les avez faits; soyez en doublement honorés; pères et mères respectables, c'est vous-mêmes, qui dans des adieux courageux avez élevé l'ame de vos fils, les avez rendus intrépides, en les envoyant combattre et vaincre les ennemis de la France. Ces appuis de vos vieux ans, ces chères espérances vous les avez données à la Patrie; si vous avez versé des larmes d'inquiétude sur leurs fatigues et leurs dangers, vos larmes ont tari au récit de leurs victoires; vous avez joui de leur gloire; elle vous a consolés du sang qu'ils ont versé et même de la mort glorieuse qui vous en à privés pour toujours.

Voyez, jeunes citoyens, voyez dans cette enceinte, ceux qui ont mérité d'être placés par vos magistrats, au rang des vieillards les plus vertueux : ceux-là n'excluent pas les autres, mais c'est à eux que doivent s'adresser vos premiers hommages.

Il est loin du jour où nous les honorons celui de leur naissance; voyez, dans la longue carrière qu'ils ont parcourue, le bien qu'ils ont fait, les utiles exemples qu'ils vous ont donnés.

Vous leurs fils et leurs petits-fils, combien de fois vous fûtes, dans votre enfance, serrés dans leurs bras carressans! Avec quelle vigilante inquiétude ils ont pris soin d'éloigner de vous, autant qu'ils l'ont pu, les maux de la nature et les exemples contagieux du vice? ils ont espéré, ils espèrent encore que leur respect pour les Dieux, leur soumission aux lois, leur inaltérable probité, leur loyauté, leur franchise seront des vertus héréditaires qu'ils vous auront transmises avec le sang qui coule dans vos veines.

Ils ne sont pas ici tous ceux que nous avons à honorer. Retenus par la foiblesse ou les infirmités, compagnes presqu'inséparables de la vieillesse, ils ne jouiront pas des hommages que nous leurs devons. Qu'ils apprennent au moins dans leurs demeures que leurs vertus nous sont présentes, lorsque nous honorons la vieillesse vertueuse; qu'ils ap-

prennent qu'en ce jour ; il n'est pas un jenne citoyen qui
n'allât mouiller de larmes la couche solitaire où les retient
la faiblesse ou la douleur ; qu'ils apprennent que, près du
tombeau , ils recueillent des honneurs qui ne leur avaient
jamais été décernés , et que c'est à la morale d'un grand
peuple qui s'instruit de ses devoirs, qui veut les remplir ,
qu'ils doivent l'hommage si mérité qu'ils ont trop attendu.

Que vous êtes heureux , jeunes citoyens , vous qui
comptez parmi ces vieillards les auteurs de vos jours !
hélas , à leur vue vous ne sentez que de l'attendrissement
et de la joie ; il en est d'autres à qui cette fête auguste
renouvelle d'amères douleurs ; ils seraient là , disent-ils ,
si la mort ne nous en eût privés ; ils seraient là nos bons
pères , nos tendres meres , et ils partageraient les honneurs décernés à la vieillesse vertueuse.

Où est-il donc , coupables détracteurs de la France , où
est-il donc ce peuple corrompu qui ne connaît d'autres
lois que les caprices de sa férocité, qui a éteint toutes les
vertus , qui foule aux pieds les droits les plus sacrés de
la nature ? Venez ici , et dites-moi quel sujet le rassem-
ble dans cette enceinte auguste ? Y vient-il pour prê-
cher ou entendre les leçons d'une morale dépravée ? Y
vient-il insulter à la faiblesse de l'âge , et ne vanter que
les passions et les jouissances de l'homme dans sa force ?
Non ; voyez ces vieillards, c'est eux qu'il vient honorer ;
ils sont faibles , d'aimables enfans les entourent et les
soutiennent. Ils reçoivent , des mains des magistrats , les
couronnes paisibles reservées à la vertu , et leurs cheveux
blancs ennoblis encore par cet emblème auguste , nous
présentent dans ce moment un double objet de respect et
de vénération.

Nous l'espérons , vénérables veillards , votre carrière
n'est pas remplie ; vous jouirez long-temps encore , dans
la fête de la vieillesse , des honneurs dont les années et
les vertus vous rendront dignes de plus en plus. Vous se-
rez consolés des malheurs dont vous avez été témoins
dans la révolution , des crimes qui en ont quelques mo-
mens obscurci la gloire ; la paix ramenera le repos ,
l'abondance et la sécurité ; la paix vous rendra vos enfans qui charmeront vos derniers jours du récit de leurs
victoires ; la paix nous rendra plus faciles les douces vertus
qui font le charme de la vie et le plus ferme appui des
Républiques. Comblés des hommages de vos concitoyens,
entourés de vos arrière-petits-fils dont les caresses dissi-
peront pour vous les ombres de la vieillesse , la joie pure
de la vertu brillera sur vos joues animées ; vous aurez des

jouissances qui vous consoleront de celles que vous avez perdues ; vous chérirez le gouvernement qui fait, des fêtes nationales, l'école touchante des vertus ; vous l'admirerez dans ses triomphes, et plus encore dans la sagesse de ses lois et de ses institutions ; et jusqu'au jour qui terminera paisiblement votre carrière honorée, vous répéterez avec nous, dans l'enthousiasme de la vertu satisfaite que l'âge ne peut éteindre :

VIVE LA RÉPUBLIQUE.

A COUTANCES , de l'Imprimerie de J. N. AGNÈS, an cinq de la République française.

personnes et de leurs propriétés. Il n'existait de lois rigoureuses que celles qui étaient commandées par le salut public, mais pas un citoyen paisible n'en ressentait les atteintes. De jour en jour on voyait disparaître ces traces malheureuses d'un gouvernement trop long-tems révolutionnaire ; hé bien, ils ont provoqué de nouvelles lois dont la rigueur était commandée par la nécessité et est justifiée par le succès, et ils ont séduit, égaré les victimes sur qui la rigueur de ces lois doit tomber.

Attendez-vous de moi, citoyens, que je vous raconte ici les événemens de cette étonnante journée du dix-huit Fructidor qui, plus qu'aucune autre, a sauvé la République ? Ma voix se prête à peine au récit des horreurs. Cependant je vous dirai que jamais conspiration mieux ourdie, plus astucieusement combinée, plus puissamment soutenue, plus audacieusement avancée vers son but, ne fut plus promptement, plus sagement et plus courageusement renversée. Le soir les conspirateurs triomphaient ; le lendemain ils étaient arrêtés ou en fuite. C'était sur un champ de bataille, couvert de cadavres, que semblait devoir se décider cette grande querelle ; pas une goutte de sang n'a coulé dans Paris. Les conspirateurs abandonnés par des guerriers qui étaient moins leurs défenseurs que ceux de la République, ont éprouvé, après bien d'autres, qu'on ne séduit nos braves guerriers qu'en les trompant, et qu'on ne les trompe pas long-tems.

Et qui de nous, citoyens, s'il se fût trouvé à Paris le dix-huit Fructidor, s'il eût connu par des preuves qu'on ne peut révoquer en doute, qu'il s'agissait de perdre la République et de rétablir la royauté ; s'il eût sçu que par suite du succès de la conspiration, des milliers d'hommes, et les hommes les moins coupables, si ce n'est aux yeux des tyrans, puisqu'ils sont républicains, devaient être cruellement égorgés ; qu'à côté d'un brave défenseur de la Patrie, retiré blessé dans sa chaumière, son vieux père eût été comme lui arraché de ses foyers, pour expier ensemble le crime d'avoir aimé la République ; s'il eût prévu les horreurs, dont les assassinats du Midi n'étaient que le prélude, par-tout les féroces émigrés, des hordes fanatiques et barbares, cherchant et choisissant leurs victimes, et Dieu sait à quel titre on pourrait éviter de l'être ; hé bien, je vous le demande, citoyens, qui de nous, s'il n'est pas au rang des conspirateurs, s'il n'est pas dans la classe plus nombreuse de ces hommes trompés, qu'au nom de la religion, de l'humanité on a rangés sous les bannières d'une faction qui se vantait de faire cesser les malheurs de la France ; qui de nous n'eût pas entré, s'il eût été besoin, dans les rangs des braves guerriers qui marchaient aux ordres du gouvernement, qui eût vu les dangers, en pensant au devoir de sauver sa Patrie ?

Citoyens, ces vérités terribles seront peut-être encore justifiées par de trop funestes preuves. La guerre civile ne sera pas sans doute les ravages que les conspirateurs en attendaient ; mais dans les contrées du Midi, où l'imagination plus ardente se prête plus facilement aux horribles hasards des conspirations, il reste peut-être à la France à pleurer la perte de plusieurs de ses enfans ; et à qui le crime en sera-t-il, si ce n'est aux féroces provocateurs de ces excès sanglans.

Pour nous, mes concitoyens, nous sommes républicains, mais nous sommes calmes ; nous attendons que les lois nous dictent nos devoirs. Nous ne craignons ni les conspirateurs, ni leurs aveugles partisans ; mais la paix, la tranquillité de notre pays ne sera point troublée par d'imprudentes provocations de notre part. Nous imiterons, autant qu'il est en nous, la sagesse du gouvernement. Il n'a point emprunté le dangereux secours d'une faction pour en combattre une autre, il n'a point relevé les espérances des anarchistes, en écrasant les royalistes ; nous aussi, ne nous rangeons sous les bannières d'aucun parti ; il n'en est de partis que pour des factieux, quand un gouvernement sage est une fois établi. Élevons des barrières contre les haines et les

vengeances ; rendons doux et faciles tous les accès
d'une réunion heureuse et fraternelle. Ce serait un
mauvais citoyen que celui qui ne recevrait pas dans
ses bras avec transport son frère long-tems égaré ;
celui qui gagne un ami à la République, obtient
un triomphe sur le royalisme. Enfin, chers concitoyens, contribuons par la sagesse qui prévient les
excès, par la prudence qui les réprime, autant
que par le courage et la fermeté, au triomphe et
à l'affermissement de la République.

Vive la République.

A COUTANCES, de l'Imprimerie de J. N.
AGNÈS, an six de la République Française.